L'exil mauve

Les éditions de la courte échelle inc.
160, rue Saint-Viateur Est, bureau 404
Montréal (Québec) H2T 1A8
www.courteechelle.com

Dépôt légal, 3ᵉ trimestre 2012
Bibliothèque nationale du Québec

La courte échelle reconnaît l'aide financière du gouvernement du Canada par l'entremise
du Fonds du livre du Canada pour ses activités d'édition. La courte échelle est aussi inscrite
au programme de subvention globale du Conseil des Arts du Canada et reçoit l'appui
du gouvernement du Québec par l'intermédiaire de la SODEC.

La courte échelle bénéficie également du Programme de crédit d'impôt pour l'édition
de livres — Gestion SODEC — du gouvernement du Québec.

**Catalogage avant publication de Bibliothèque et Archives nationales du Québec
et Bibliothèque et Archives Canada**

Brouillette, Marc André
L'exil mauve
(Poésie)
Pour les jeunes de 13 ans et plus.
ISBN 978-2-89695-264-9
I. Titre.

PS8553.R684E94 2012   jC841'.54   C2012-940938-3
PS9553.R684E94 2012

Imprimé au Canada

L'exil mauve
Marc André Brouillette

le mauve approche
dans la lenteur du rêve

sa lumière
m'accorde un refuge

je peux enfin partir

nuit
tu surgis
comme un souffle familier

ta présence
m'arrache à ce sentiment
transitoire rageur
saturé de solitude

mon regard perd sa mesure
s'avance sans pudeur
saisi par le mouvement des météores
lents et ronds

avide
il parcourt un monde nocturne
habitable

la lune
dégage une lumière blonde

phare suspendu
au milieu des songes
elle survit
aux feux insensés du jour

l'aube
rapporte son poids

tout autour
des loups blancs ricanent
de fierté de misère
dans mon dos

le jour
j'attends qu'il finisse

d'heure en heure
le vide prend du volume
il obstrue le souffle
assiégé par la solitude rayonnante

mon corps long
au-delà des bras
des murs et des rivières

s'étire sans fin

dans l'ennui des jours

emmêlé dans ses proportions
mon corps réclame
de nouvelles dimensions

mes mains atteignent le toit des immeubles
mes pieds sont des troncs centenaires

j'avance
dans l'ignorance des mesures
des étendues des nécessités

l'enfance se ballotte

projetée
contre le jour
assommée par l'ampleur du temps
à surmonter

je respire une fois deux fois
mais l'air se contracte
au seuil des lèvres

imprégnées
d'oubli et de perte
dans quel coin du ciel
mes pensées se replient-elles
pour observer
les étoiles mortes qui ruissellent
de mes yeux

proches et amis
où êtes-vous
si loin du rivage
bordé d'une peur sèche

la mort

dans mon corps indécis
suis-je près d'elle

le retrait
vous épargne des mots

souvenirs et désirs
tendent un fil

chaque pas
est l'objet d'une gageure
l'arrière et le devant s'affrontent
comme si l'un devait surmonter l'autre

cette épreuve brouille
le territoire

je rétrécis
sans cesse
à l'intérieur d'un corps
trop vaste

mes sens s'écartent
dans le jour déchirant

quand pourrai-je reprendre mon souffle
m'en restera-t-il

lâché dans l'enfance et la multitude
j'ai cherché
de quoi former des mots

la peur
depuis me les a fait avaler

je ne peux plus les voir ni les toucher
parfois je crois en entendre l'écho
dans ma voix

un soupir
porte en lui
la fin d'un monde

l'espoir tourbillonne
comme une feuille
rouge
se retrouve au milieu d'une encyclopédie

dans un univers
en démanche
atteindrai-je un peu de beauté

personne ici ne m'y conduira

j'aimerais qu'elle me protège
de la destruction

la succession du jour et de la nuit
m'étourdit
l'attente l'ennui l'éphémère
exil du rêve
épuisent mon corps
habité de géographies

les yeux clos
je m'allonge
parmi les figures à venir

le jour aspire tout mon élan
vers l'étranger

le corps là-bas les gestes
pratiquent un autre langage
dans la distance
le regard module
son rythme sa portée

nuit
reviens
je suis encore ici

le crépuscule
rassemble
les rêves
dispersés par le jour

ce moment mauve
donne une forme
à ce que je suis

le rêve seul
repousse l'emprise des cris
chasse les gestes stridents et crus
trop familiaux

mes mouvements incertains
tâtent le jour autrement durant la nuit
je retrouve mon souffle

le rêve
interrompt
le jour

il bat
la mesure d'un souhait
exacerbé par l'attente

la nuit
je répète
le geste le mot
départ sans retour

le mauve invente
un lieu
où l'horizon prend la forme
d'une constellation

mes doutes mes dissonances
sortent de leur réclusion
ici
l'espace est moins encombré

qu'emporterai-je
au moment du départ
attiré par l'ailleurs et l'inconnu
d'un seul élan vers l'abandon

les jours n'auront plus la même durée

je chercherai
la beauté des gestes
dans la parole en marche

nuit
ma nuit
pour une fois
ne t'achève pas
reste

rompue
ma solitude
parcourt ton espace mauve
en quête de sa véritable étendue

la nuit
les choses de la solitude
accumulées pendant des heures
se déposent au fond du silence
elles atteignent
le temps du sommeil
le dessous minéral
où repose le fracas du monde

Marc André Brouillette

Marc André Brouillette est l'auteur de plusieurs recueils
de poésie. Ses textes ont été publiés dans des ouvrages
collectifs, des anthologies et des manuels scolaires,
ainsi que dans des revues québécoises, européennes
et américaines. Il a dirigé plusieurs dossiers de périodique
traitant de l'écriture et de la poésie, et il a traduit en français
des poètes étrangers (Italie, Corée, Allemagne, Canada
et Pologne). Marc André Brouillette enseigne la littérature
et la création littéraire, et il est responsable du site plepuc.org
voué aux œuvres littéraires dans l'espace public canadien.
Il a reçu le Prix Desjardins en 1995 pour son recueil *Carnets
de Brigance* (Noroît, 1994) et le Prix Louis-Guillaume 2005,
Prix du poème en prose (France), pour *M'accompagne*
(Noroît, 2005).

La collection Poésie, c'est aussi...

Poésie
VOLUME 1

Carole Davel
Louise Desjardins
Roger Des Roches
Germaine Mornard

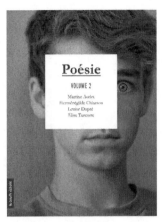

Poésie
VOLUME 2

Martine Audet
Hermenégilde Chiasson
Louise Dupré
Élise Turcotte

La saison
des
fantômes

André Roy

Poésie
VOLUME 3

Denise Desautels
Rachel Leclerc
Paul Chanel Malenfant
Serge Patrice Thibodeau

Achevé d'imprimer
en août deux mille douze, sur les presses
de l'imprimerie Gauvin, Gatineau, Québec

L'exil mauve

Marc André Brouillette